AF600027

LOS PILARES DE LA SALUD

TORKOM SARAYDARIAN

Los Pilares de la Salud
de Torkom Saraydarian

T.S.G. Publishing Foundation, Inc.
The Creative Trust
PO Box 7068
Cave Creek, Arizona 85327 U.S.A.

Traducción al español por TSG Spanish Translation Team

Edición en español: 2021
Impreso en España por: Editorial Dagón
Web: *http://www.editorialdagon.es*
E-mail: *editor@editorialdagon.es*

ISBN: 9788419540997

Impreso en España

Cornerstones of Health
by Torkom Saraydarin

T.S.G. Publishing Foundation, Inc.
The Creative Trust
PO Box 7068
Cave Creek, Arizona 85327 U.S.A.

Translation by TSG Spanish Translation Team

Edition in Spanish: 2021
Printed in Spain by: Editorial Dagón
Web: *http://www.editorialdagon.es*
E-mail: *editor@editorialdagon.es*

ISBN: 978-1-947571-02-0

Printed in Spain

SOBRE EL AUTOR

Torkom Saraydarian (1917-1997) nació en Asia Menor. Desde la niñez, fue entrenado en las Enseñanzas de la Sabiduría Eterna.

Visitó monasterios, templos antiguos y escuelas de misterios con el fin de encontrar las respuestas a sus preguntas sobre el misterio del hombre y el Universo.

Vivió con Sufis, derviches, místicos Cristianos y maestros de música y danzas del templo. Su educación musical incluyó el violín, piano, laúd, cello y guitarra. Le tomó largos años de disciplina y sacrificio poder absorber la Sabiduría Eterna de sus fuentes verdaderas. La meditación se convirtió en parte de su vida diaria, y el servicio, una expresión natural de su alma.

Torkom Saraydarian dedicó su vida entera al servicio de sus congéneres humanos. Sus escritos, conferencias, y música, muestran su total devoción a los principios, valores y leyes superiores que están presentes en todas las religiones y filosofías mundiales. Estos trabajos representan una síntesis de lo mejor y más bello en la cultura sagrada del mundo. Sus trabajos enriquecen el pensamiento fundacional sobre el cual el hombre puede construir su Futuro.

Torkom Saraydarian escribió un gran número de libros, muchos de los cuales han sido publicados. Todos sus libros continuarán siendo publicados y distribuidos. Algunos han sido traducidos al armenio, alemán, italiano, español, portugués, griego, holandés y danés.

Dejó un rico legado de escritos y composiciones musicales para el disfrute y beneficio de toda la humanidad por muchos años por venir.

Esta edición en español ha sido completada gracias al generoso apoyo del Grupo TSG en Idioma Español y al Grupo de Estudios Teosóficos de Valencia (España). Expresamos nuestra profunda gratitud hacia todos aquellos que colaboraron con este proyecto.

CONTENIDO

1

LA SALUD Y LA LIMPIEZA

ESTE TEMA SERÁ MUY, MUY SIMPLE PARA TI, y tal vez te reirás de su simplicidad y te digas a ti mismo: «¡Sé todas estas cosas!». Si sabes todas estas cosas, es fantástico.

Para tu salud y felicidad eternas, haz que tu dormitorio esté limpio. He visitado muchos lugares, y sus dormitorios olían como a perros muertos. ¡Lo digo en serio! Tu dormitorio debe ser el lugar más puro porque por ocho horas estás inhalando todos sus microbios y gérmenes. Algunas veces vas al dormitorio de una persona y toda su ropa sucia está allí. ¡Huele tan mal! Desafortunadamente, mi nariz es tan sensible. El dormitorio debe estar limpio, y en tu habitación debe haber tan pocos objetos como sea posible, porque cada objeto irradia sus formas psíquicas. Emocionalmente y mentalmente, absorbes todas las emanaciones de estos objetos.

Si fuiste a una tienda de antigüedades y trajiste a casa una silla antigua que fue usada por un criminal durante diez años, no vas a volar al plano mental cuando estés durmiendo en esa habitación. M.M. dice: «Las emanaciones duran por miles de años». Hay un capítulo en el Tratado sobre Fuego Cósmico, acerca de las monstruosas formas de pensamiento que están construidas alrededor de todo nuestro planeta. Si los muebles que tienes están cargados negativamente, pueden realmente conducir tales formas de pensamiento a tu habitación. Es un fenómeno eléctrico. No importa cuánto trabajes por tu salud, no eres saludable si vives en una esfera perturbada electrónicamente.

¡Tus baños, Dios mío! Anda y revísalos. Deben estar inmaculados porque la mayoría del tiempo adquieres gérmenes, microbios y virus de tus baños sucios. Esto es especialmente importante después de tener una fiesta. No sabes lo que el individuo de la fiesta trae a tu baño.

Estas son cosas pequeñas pero, desafortunadamente, los doctores no nos las dicen. Cada doctor debe tener una clase para enseñar estas cosas pequeñas acerca de la limpieza. Mi madre era la doctora en nuestra casa. Cada mañana les decía a mis hermanas qué hacer. Veinticuatro horas al día, ellas acostumbraban a correr, limpiando todo. Si entrabas a los dormitorios de estas chicas, podías oler la limpieza de las sábanas.

Algunos baños huelen como a orín, a sudor, y a otras cosas. ¿Cómo puedes dormir cerca de allí? Dime que eres inocente, que tienes el dormitorio y el baño perfectos. ¿Los tienes?

El tercer lugar es la cocina. La basura ha estado allí por dos meses. Los platos no se han lavado por tres días. ¿Sabes lo que estás haciendo? Te estás convirtiendo en una incubadora de microbios y quieres salud.

¿En serio? ¿Cómo puedes tenerla? Conozco mujeres que se visten hermosamente, pero si entras a sus cocinas, correrías diez millas rápidamente para deshacerte de los olores y la suciedad que están en la cocina. La mayoría del tiempo, esas personas que están interesadas en los problemas de salud tienen las peores cocinas, los peores dormitorios y los peores baños.

Luego están las alfombras y los pisos. El otro día estábamos almorzando. Alguien se sentó sobre un cojín. Estalló en polvo. La persona no vio el polvo, pero yo sí. Millones de átomos volaban de aquel pequeño cojín, y ella estaba sentada a mi lado. Ese cojín debe ser limpiado para que no tenga ese polvo. Piensas que es sólo polvo, pero todos ellos son pequeños seres que se van a tu nariz, a tu plato, y a todos lados. Cada vez que te estás moviendo en tu casa, el piso está polvoriento y lleno de desorden con pequeños, pequeños microorganismos - tú nómbralos. Todos ellos están creciendo allí, y no los aspiras ni los limpias, pero esperas salud. ¿Cómo así? Esto es porque sus mamás y sus papás no les enseñaron estas cosas.

Un día por casualidad, miré un baño. Créeme - había una pulgada de grosor de sucio en las paredes, y él o ella era un estudiante de la Sabiduría Eterna. ¿Cómo puede ser posible? Esto es de lo que estamos hablando.

Debe haber limpieza en alfombras y pisos. Un día en California un hombre muy científico vino y preguntó: «¿Puedo tomar un pequeño espécimen de tu alfombra?». Le dije: «Está bien». así que él aspiró algo de polvo y me mostró en el microscopio lo que había. ¡No lo podía creer! Yo vivía solo y no pensaba en limpiar alfombras. Estaba tan ocupado escribiendo grandes libros. Desde aquel momento comencé a aspirar. Vi todo lo que se arrastraba por allí. Sé limpio en tu casa. Si no estás en la limpieza, no puedes estar en la Presencia de los Maestros.

No estamos hablando sólo de limpieza física. Estamos hablando de todo tipo de limpieza. Las personas olvidan estas cosas y, desafortunadamente, no hablamos de ellas en nuestras escuelas porque te pueden demandar si le dices a un niño que lave su boca y cepille sus dientes. Su mamá puede llevarte a la corte. «¡Insultaste a mi hijo!». Entonces cierras tu boca y te preocupas por tus cosas.

¡He ido a muchos lugares y cuando me sentaba en los sofás salía tanto polvo de ellos! Nunca aspiraron aquel sofá, aquella gran silla. Es hermosa, luce linda, pero siéntate ahí, y ves nubes de polvo saliendo de ella. Esa nube se forma por las emanaciones de aquellas personas que se sentaron allí, y por las cosas que ellos llevan de otros lugares. Esta es la salud de la que estamos hablando.

Deberías ver las uñas de las personas, una media pulgada de largo. Debajo, están bailando millones de microbios. Ellos cocinan para ti y te comes los microbios. Un día un hombre vino a mí y dijo: «La salud es tan importante. ¿Cómo puede uno ser saludable?». Le dije: «Cambia tu ropa interior». ¡Él olía tan mal! Quieres salud. La limpieza es la clave. Limpia tu boca; limpia tus oídos. No exageres frotando tu rostro y arrancando tu piel. No estoy hablando de eso, pero sé limpio. La limpieza es tan difícil. Una mujer que trabaja ocho horas en el mercado y contamina el hogar de sus hijos, pagará al hospital todo lo que gana. Es por esto que es necesario para una mujer quedarse en casa, y no trabajar hasta que los hijos se gradúen.

Había una chica que estaba dejando crecer sus uñas dos pulgadas y media de largo. Cada día, durante tres o cuatro horas, ella trabajaba en sus uñas, pero si veías su casa –era un desorden, un contenedor de basura. ¿Cuál es el uso de todo ello? Estaba pálida y no tenía energía. El cuerpo, los pulmones asimilan toda la suciedad. ¿Cómo puedes estar sana si estás sucia? La suciedad no está de acuerdo con la salud en ningún nivel –físicamente, emocionalmente o mentalmente. Tú vas a estar limpio.

Si no estás cien por ciento limpio, no te preocupes. Sé sólo siete por ciento, ocho por ciento, nueve por ciento, diez por ciento limpio. Progresa, y eventualmente alcanzarás cien por ciento de limpieza. No puedes lograr la pureza absoluta, pero puedes hacerlo mejor que lo que estás haciendo ahora. Eso es importante.

Muchos edificios y muchas casas tienen basura adentro y afuera. Mantén la basura al menos cien pies lejos de tu vivienda, para que así los pequeños microbios que se están acumulando con la fermentación, la decadencia y la degeneración, no lleguen a tu dormitorio. Es por esto que los zorrillos, los perros, y los gatos vienen. Ellos huelen las emanaciones.

Los venenos químicos son una de las cosas más peligrosas. Desearía que leyeras sobre estas cosas. La mayoría de sus hogares están llenos de venenos químicos.

Hay químicos con los que lavas tu ropa o limpias tu casa. Son venenosos y dañinos. Trata de encontrar cosas naturales, pero no exageres porque las cosas naturales pueden también causarte problemas si son exageradas. La mayoría de los cuerpos están desarrollando gran cantidad de problemas de piel debido a lo que usan para lavar su ropa. Hay muchos venenos en los jabones. Vas a tener limpieza en mente –«¿Cómo puedo limpiar las cosas de mi casa, de mi cuerpo, de mi alfombra, de mis paredes, de mis muebles?». Si tienes polvo sobre el piano, un poquito de aire lo diseminará.

El polvo es tan peligroso ahora, debido a la lluvia ácida y a otros polvos venenosos que caen en tus vegetales, en tus carros, y así sucesivamente. Es una situación muy peligrosa. Debemos hacer lo mejor para ser limpios.

La circulación del aire es importante. A veces llegas a casa y encuentras que ésta apesta. Es tan malo. Abre las ventanas y las puertas, especialmente, donde hay un buen aire, como en Sedona. Ventila todo en tu casa de tal modo que si hay venenos, éstos se minimicen. Esto es verdad especialmente en tu dormitorio y en tu baño. Abre las ventanas. La circulación de aire mata muchos, muchos microbios, gérmenes y virus. Permite que la luz solar entre y se quede por algunas horas. La luz solar es uno de los agentes más sanadores en nuestra vida. No estoy hablando de ir y acostarte bajo el sol debido a los problemas que tenemos en la capa de ozono. Sugiero que no te acuestes bajo el sol por más de tres o cuatro minutos si quieres salvar tu piel.

Cuida tus filtros de aire. Hace dos o tres meses sacamos nuestros filtros de aire y no podíamos creer lo que vieron nuestros ojos. Estaban llenos de suciedad y de polvo. Si tu filtro de aire no está limpio, el aire te está trayendo de regreso todo lo que recogió. Chequea periódicamente tus filtros de aire para ver si están limpios. Estos son problemas de salud muy básicos. Ahora los científicos están descubriendo que las personas tienen problemas nocivos en los pulmones porque en ciertas organizaciones los filtros nunca fueron cambiados. Incluso pueden conducir a cánceres y a diferentes problemas.

La siguiente cosa son los olores. Hay olores de cigarrillos, olores de tabacos, olores raros de inciensos. Los olores del tabaco son especialmente una fuente de cáncer. Estoy tan contento de que los Estados Unidos como un todo hayan comenzado a luchar contra los cigarrillos. Es una gran victoria.

Observa los excrementos de las ratas. Muchas viviendas tienen ratas y ratones. Ten cuidado porque ellos pueden ser portadores de los peores microbios. Inmediatamente si ves algún excremento, extermina las ratas o ratones de la manera que prefieras. Puedes incluso atraparlos y llevarlos lejos de tu casa, pero no les permitas vivir en tu hogar.

Las emanaciones animales son las peores para tu progreso espiritual. H.P. Blavatsky escribió un pequeño libro llamado Ocultismo Práctico. Es muy hermoso. En él, ella sugiere que las emanaciones de los animales pueden minar toda tu energía psíquica. Si lees el libro, te sorprenderás de cómo manejar a los animales.

No me malinterpretes. Amo los animales, pero su lugar no es e tu hogar porque estás a billones de años adelantado a sus emanaciones. Si quieres mantenerlos en tu dormitorio, es tu elección.

PREGUNTAS Y RESPUESTAS

Pregunta: *¿Qué hay acerca de las mascotas?*

Respuesta: Las mascotas son peligrosas. Si examinas sus pulmones y sus emanaciones, su orina, y así sucesivamente, encontrarás grandes condiciones insalubres.

M.M.[1] dice en uno de Sus libros: «Tenemos animales. Tenemos perros, tenemos cabras, tenemos caballos, pero debemos mantenerlos en lugares apropiados para investigar qué les está sucediendo psíquicamente». Ellos quieren entender cómo pueden estimular sus almas para ayudarles en su evolución. Esta es una investigación para Ellos. Si mantienes a los perros y a los gatos en tu dormitorio, que Dios te ayude.

La siguiente cosa son las arañas. Las telarañas son imanes de microbios. Las arañas son buenas en sí mismas. Tienen el derecho de estar aquí –pero no en tu dormitorio. Debes ser limpio. ¡Las personas aman las arañas tanto, que las atrapan y casi quieren comerlas! Sé limpio en tu casa.

Pregunta: *¿Qué hay acerca de las telarañas alrededor de tu casa?*

---

1. M.M. se refiere al Maestro Morya.*N.T.*

Respuesta: Ellas tienen derecho a estar en todas partes, excepto dentro de tu hogar. No les quito sus derechos porque tienen el derecho de vivir.

Ahora llegamos a la ropa. Esto es muy importante. No te vistas con la misma camisa todos los días porque tus secreciones y tus emanaciones, forman el mejor imán, invitando a un montón de muy malos clientes y a sus amigos. Sé limpio, especialmente con tus medias. Cámbialas todos los días. Lava tus pies. El no ser limpio puede afectar diferentes cosas. M.M., escribiendo sobre estas cosas, dice que cualquier olor en tu cuerpo, en tu ropa, puede atraer a muchos de los invitados psíquicos que pueden obsesionarte o poseerte.

Una mujer debe ser muy cuidadosa de ser limpia, especialmente cerca de su período. Cuando está transpirando aquí y allá, ella debe cambiarse continuamente y mantenerse limpia. Esta limpieza no es para atraer a un hombre, sino para no atraer invitados no deseados.

Las sábanas deben estar muy limpias. Deben ser cambiadas cada dos días o diariamente, dependiendo de cómo estés durmiendo, y de si tomas un baño y te vas a la cama, o no. Algunas veces, yo acostumbraba a dormir con mi ropa y mis zapatos puestos, porque no tenía tiempo de cambiarme. Tomaba una sábana y dormía así como estaba. Eso estaba mal. Tus pijamas deben estar limpias. Las fundas de las almohadas deben estar limpias. Algunas fundas permanecen en las almohadas por dos o tres semanas. Observa también tus sábanas. Fui a Indiana. Allá me dieron una cama, y cuando la toqué salieron nubes de polvo. ¡Cuando puse mi cabeza en la almohada, olía tan mal! Mi estómago comenzó a revolverse –era tan malo.

Cuidado con el formaldehído. Estaba muy afectado por eso hasta que supe lo que era. Casi todo tiene formaldehído. Las mesas están empapadas con estas partículas. Trajimos aquí una mesa fantástica. Si me siento en la mesa por diez minutos me resbalo porque sobre ella hay una especie de aceite que es muy malo. Examina estas cosas. Busca en los libros sobre estas cosas que están devastando y eliminando a la gente.

Las alfombras nuevas son muy malas. Es mejor lavar diez veces tu alfombra vieja que comprar una nueva alfombra porque por seis años emanará formaldehído. Cuando construyeron este edificio, vine desde los Ángeles y me sentía tan bien. Veinte minutos más tarde, mi mente no era yo. Pregunté: «¿Qué está pasando en este edificio?». No sabía que todas las alfombras estaban llenas de formaldehído. Me tomó ocho años antes de que me sintiera normal. Me estaba envenenando a mí mismo día y noche. Presta atención a estas cosas al comprar alfombras, pinturas, y así sucesivamente: descubre qué es saludable y qué no, porque estás despertando a estas cosas. Estas son las cosas más prácticas, pero muchos aún no saben acerca de ello.

Fui a Brasilia. Era realmente cómico. La gente allá decía: «Vas a vivir en un hotel digno de la realeza». Algo dijo a mi corazón: «Ten cuidad», pero no sabía qué era. Me pusieron en el mejor hotel, la mejor habitación, «¡Precisamente pintaron hoy!». Las alfombras eran nuevas. Entré y pensé: «¿Cómo decirle algo a esta gente?». También pusieron una gran cantidad de hermosas frutas en la habitación y ya mi estómago se estaba revolviendo. ¿Qué hacer? Eventualmente encontré una manera. Había un balcón, así que moví todas mis cosas y dormí allí; de lo contrario, habría muerto. Al día siguiente me preguntaron: «¿Durmió bien?». «¡Fantástico!». Pero estas alfombras y pinturas están matando tus huesos y tu cerebro –a pesar de que estuvieran recién pintadas y brillando.

Al final de mi estadía, cuando estaba dando una conferencia, les dije acerca de esto y ellos se morían de la risa, pensando que yo era un inocente Americano preocupado por estas pequeñas cosas sin importancia. Dije: «Me estaba matando». Ellos dijeron: «¿En serio? Te encontramos el mejor lugar para quedarte». ¡Esta era mi suerte! Ten cuidado cuando vas a los hoteles con olor a cigarrillos, a formaldehído, a diferentes emanaciones y a aerosoles. Es muy malo para tu salud.

Ten cuidado con la fibra de vidrio. Fuimos a ver una casa y el hombre nos llevó al sótano. Todo el sótano estaba lleno de fibra de vidrio que no estaba cubierta aún. Vi millones de partículas que nadaban encima. Si las inhalas, te pueden causar enfermedades fantásticas en tus pulmones. Haz todo lo posible para no exponer tus manos, tus ojos y tu nariz a la fibra de vidrio. Si lo estás usando, debes protegerte. Ésta entra en los pequeños espacios de tus pulmones, y diez años más tarde, aparece como un tumor muy serio. Haz todo cuanto puedas para evitar inhalar esta clase de cosas.

No mantengas agua estancada dentro o alrededor de tu vivienda. Recuerda especialmente descargar los sanitarios. No uses el baño tres, cuatro veces, saliendo luego sin bajar la bomba del sanitario. Costará un poco más dinero, pero el agua estancada es muy atractiva para los huéspedes no invitados, entidades astrales y muchos gérmenes que llegan y habitan allí.

La madera desintegrada en la cual han estado las termitas, y también las hojas en descomposición, tampoco son buenas. Quémalas. No las acumules dentro o alrededor de tu casa. Las hojas que están en proceso de descomposición son los mejores imanes para minar tu energía psíquica. Si duermes sobre un manojo de hojas que se están secando, puedes probar de inmediato lo que estoy diciendo. La materia en descomposición toma la mayor parte de tu energía nerviosa. Aquéllos que están meditando y esforzándose para progresar en su camino espiritual y existencial, no deben sentarse en lugares donde haya muchas hojas en descomposición.

Pregunta: *¿Qué hay acerca de las flores en descomposición?*

Respuesta: Tíralas. Si las flores cortadas se mantienen frescas y no se descomponen, están bien. Pero tan pronto como comienzan a morir, tíralas. No sólo flores en descomposición sino también flores secas o descompuestas emanan energía dañina. Las flores de hoja perenne son inocuas.

Pregunta: *¿Qué hay acerca de la leña?*

Respuesta: Es mejor si no la llevas adentro. Lo probé y lo sé. Algunas leñas tienen muchos, muchos pequeños organismos, incluso huevos de escorpiones. Cuando éstos se ponen tibios por el fuego, comienzan a incubar y a esparcir millones de organismos en tu casa sin que sepas de dónde provienen. Prefiero colocar la leña afuera, y traerla adentro solamente cuando va a ser quemada. Las termitas son también muy contagiosas y malignas.

Pregunta: *¿Cómo podemos protegernos de los resfriados?*
Respuesta: Hay algunos pasos prácticos que puedes tomar:

1. No abraces a personas que tienen resfriados.
2. Lava tus manos con frecuencia.
3. No te rasques tu rostro con tus uñas. Las uñas tienen muchos microbios y gérmenes.
4. Quienes tienen resfriados no deben esparcir sus gérmenes. Incluso cuando envían una carta a sus amigos, la carta está llena de gérmenes.
5. Si estás trabajando en la misma habitación con alguien que tiene un resfriado, puedes contagiarte, a menos que tengas un sistema inmunológico fuerte.
6. Usa métodos naturales para curar tu resfriado. Ve a un doctor.
7. Debes hacer lo mejor que puedes para no contaminar a las personas.

Pregunta: *En vista de que no debemos mantener animales en nuestras casas, las almohadas y cubrecamas de plumas han sido utilizadas por siglos. ¿Ellas se pueden limpiar lo suficiente?*
Respuesta: Ellas pueden ser limpiadas por ciertos procesos de tal manera que las emanaciones de los animales no estén allí. Los pájaros son diferentes. Ellos no son animales. La mayoría de los pájaros son devas. El Maestro Tibetano dice en, *Un Tratado de Fuego*

Cósmico, que muchos pájaros son devas, por lo tanto, sus emanaciones son diferentes.

Lo que estoy diciendo no es una instrucción. No es una orden directa para ti. Busca e investiga, encuentra información sobre esto, pruébalo, y si descubres que es mejor no tener las emanaciones de animales en tu hogar, actúa de acuerdo a ello. Es muy difícil decir estas cosas a los amantes de los animales porque piensan que son sus hermanos. Son nuestros hermanos, pero su lugar no es en nuestras viviendas.

Pregunta: *En* La Fuente de la Prosperidad *hay una oración de limpieza. ¿Ayuda ésta en la limpieza de algo, tal como una silla antigua?*

Respuesta: Puedes limpiar algunas emanaciones psíquicas de otras personas con tu energía psíquica y la energía de tu bendición, pero si tienes un plato que está lleno de veneno, no importa cuánto lo bendigas, es veneno.

Pregunta: *¿Necesitamos aprender la transmutación y la transformación?*

Respuesta: Por supuesto, puedes aprenderlas. Transmutar una cosa en otra no es un proceso fácil. Ese era el secreto completo de los alquimistas. Ellos trataron de cambiar vicios por virtudes, plomo por oro, pero hasta el día de hoy, aún no lo han hecho. Este es un proceso científico muy serio. ¿Por qué involucrarse con estas cosas cuando puedes ser puro?

Le decía a una mujer: «Te he conocido por treinta años, y tú chismeas y chismeas. ¿Cuándo vas a parar?». El chismear destruye tu energía mental, tu cuerpo mental. ¿No puedes ver las consecuencias de esto? M.M. dice: «El mayor peligro para la salud que un hombre puede imaginar, es el uso de la calumnia». Ya has destruido una parte de tu mente, y justo al día siguiente puedes comprobarlo. Calumnias a algunas personas y a la mañana siguiente, te sientas en tu meditación y no pasa nada ¿Qué está mal? Algo se está rompiendo. Ese algo es el efecto de tu chisme y tu calumnia.

La calumnia y el chisme construyen una pared entre tu mente inferior y tu mente superior que no permite penetrar en secciones más elevadas de tu mente.

En mi libro *La Ciencia de la Meditación*, escribí acerca de esto. ¿Cuáles son los obstáculos de nuestra meditación? Uno de ellos es la calumnia. Vimos estas cosas experimentalmente. La calumnia construye una pared entre tu mente inferior y tu mente superior, y no te deja ir más alto. Esto es muy malo.

Pregunta: *¿Cuál es la influencia de la televisión?*

Respuesta: Debes ser muy cuidadoso acerca de lo que hablas en tus habitaciones. Por ejemplo, si estás diciendo cosas sucias, cosas inmorales, cosas destructivas, estás atrayendo a tus formas de pensamiento muchas entidades que no te van a ayudar en tu salud, sino a destruirla. Si estás escuchando en la televisión: «Te matan». y cosas así, y se están matando y destruyendo unos a otros, ese ruido, esas formas de pensamiento, están en tu habitación. Las mentiras, el odio y la violencia que estás viendo y escuchando, gente destruyéndose mutuamente con cuchillos y pistolas – todos ellos están en tu habitación. Están haciendo eco. Ya contaminaste tu atmósfera psíquica. La peor contaminación que está llegando a nuestros hogares como desagüe, es la violencia, el asesinato, la fealdad. La televisión puede ser usada para propósitos de sanación y también para destrucción.

También puede haber microondas y otras máquinas eléctricas en el hogar que es también importante vigilar.

Te diré algo que es muy interesante. Si mi padre y mi madre tenían problemas, ¿sabes dónde los discutían? Ellos se alejaban media milla lejos de la casa y se sentaban cerca de un arroyo, y se gritaban el uno al otro, se hablaban o debatían entre sí. Cuando regresaban al hogar todo estaba arreglado porque mi Padre solía decir: «No contamines la casa». Nosotros hacemos justamente lo contrario cuando nos sentamos a la cena y nos atacamos unos a otros, o vamos a la cama con todos nuestros problemas y «pacíficamente». vamos dormir. Vigila esta contaminación.

Pregunta: *¿Es la radio mejor que la televisión?*

Respuesta: Depende de lo que escuches. Estaba escuchando la radio en mi carro. Estaban pasando un drama entre una chica y un hombre. No puedes imaginar lo que decían. Apagué la radio y ya no quería sentarme más en ese carro. Una vez vendí un carro porque era imposible estar en él. No sé lo que hicieron los antiguos dueños en ese carro, pero si eres sensible psíquicamente, lo sientes.

Pregunta: *¿Cómo podrías limpiar la habitación en la que estaba el televisor?*

Respuesta: Vas a limpiar con la meditación. La meditación tiene el mayor poder limpiador. En el Lejano Oriente, en el Medio Oriente, y a veces en América, llaman al sacerdote o llaman a los monjes chinos o japoneses para bendecir la casa. Si el hombre realmente sabe cómo bendecir la casa, puede realmente minimizar los microbios peligrosos y las emanaciones en esa casa. Puedes hacerlo mejor si te sientas y meditas en las diferentes habitaciones por un mes, hasta que las limpies. Puedes sentirlo. Si compras una casa nueva, puede haber algo allí que te esté deteniendo, algo limitante, pero eventualmente, con tus oraciones, tus canciones, tus cantos y mantras, puedes limpiarla. La Gran Invocación es una pieza magistral para limpiar.

Un día mi esposa encontró a un hombre durmiendo en mi cama. El hijo del dueño anterior, quién estaba demente, había regresado a nuestra casa y dijo: «Esta es mi cama. Qué bien preparada está», y él estaba durmiendo en mi cama. Mi esposa hizo de todo para sacar a ese hombre de allí. ¡La peor cosa era que se había puesto todos mis sombreros! Yo me sentía muy incómodo en aquella habitación. Él estaba realmente loco. Los padres lo abandonaron y no admitían que él era su hijo. Pronuncié unas cien Grandes Invocaciones en aquella habitación, y la limpié. La Gran Invocación es el más grande desinfectante.

Usa vegetales frescos y granos que no hayan sido irradiados. Ten cuidado con los químicos en los alimentos. No tengan licor en sus hogares. El olor del licor es muy malo. Quienes tienen bares en sus viviendas, manténganlos lejos de sus dormitorios. Si ustedes son estudiantes, no los usen. Los olores del café, del té negro, del tabaco, de las drogas y de la marihuana son también un gran peligro para la salud.

Otra cosa muy mala es aguantar tu orina por cuatro o cinco horas. Al menos orina una vez cada dos o tres horas, como máximo. Debes evacuar tus intestinos al menos dos veces al día, o estarás aumentando el peligro para tu salud. Estas son cosas muy fáciles. Algunas veces digo que es mejor si puedes ayunar, y tomar tres o cuatro enemas semanalmente. Esto es fantástico. Limpia tus intestinos gruesos. Eso es muy importante para ti. Regulariza todas tus emanaciones y lava todos estos lugares completamente. Es muy importante para ti. Dos veces al mes, no comas por veinticuatro horas. Ni siquiera tomes agua. Esto puede estar en contra del consejo médico, pero he hablado con muchos doctores. Lo debatían conmigo y decían que yo era ignorante, pero cuando comenzaron a hacerlo ellos mismos, dijeron: «¡Es muy bueno!». Cuando no bebes ningún líquido, el agua que está acumulada en tus tejidos es expulsada y te sientes muy cómodo. Cierra tu boca por veinticuatro horas. Pero antes de hacerlo, obtén el permiso de tu doctor.

2

LA SALUD Y EL PENSAMIENTO

TAMBIÉN HAY CONTAMINACIÓN MENTAL de la cual debo hablar. Está en sus viviendas, en sus iglesias, en sus oficinas. Deben ser cuidadosos de no llevar pensamientos contaminantes en sus mentes. Por ejemplo, los pensamientos negativos son totalmente dañinos para tu cerebro, para tu cuerpo mental y para tus centros superiores. Es como sentarse en esta habitación y encender un fuego aquí, o poner un tubo de escape allá, y luego dormir o vivir dentro de él. Inmediatamente, tu aura, tu cuerpo mental, está lleno de pensamientos negativos, de pensamientos destructivos, de pensamientos criminales. Estás contaminando tu propia habitación, la cual es tu aura, y así estás inhalando todas estas cosas hacia tus cuerpos. Cada pensamiento negativo, cada pensamiento criminal, cada pensamiento destructivo, crea ciertos tipos de venenos en tu aura y luego, de pie en tu aura, estás inhalando y exhalando la misma contaminación que eventualmente destruye tu cuerpo mental. Esto es muy importante saberlo.

Si estás contaminando tu casa, es la misma cosa. Una casa contaminada con formas de pensamiento contaminadas, no es un lugar saludable para vivir, porque tus pensamientos y tus emociones se pegan a las paredes, a las ollas, a las sillas, a los utensilios que estás utilizando, incluso al piano, y a todo lo que estés usando. Tus formas de pensamiento son sustanciales, y ellas tienen una existencia objetiva en el plano mental. Debes ser muy cuidadoso, especialmente con qué clase de pensamientos estás llenando tu habitación y tu cuarto de estudio. Si quieres hacer algunos experimentos, trata de meditar en una habitación donde ha habido montones de maldiciones, odios, pensamientos criminales y planes criminales. Verás que no puedes hacer una buena meditación. Inmediatamente, cuando comienzas a irradiar pensamientos hermosos, la contaminación se los come y se hace más fuerte y más fuerte. No sabes por qué; estás tratando de hacer lo mejor que puedes para desarrollar la meditación, pero no puedes hacerlo. Viene un momento en que paras tus meditaciones del todo.

He visto tales casos –cientos de ellos, porque tengo muchos estudiantes por correspondencia. Ellos me dicen que estaban practicando tan buenas meditaciones, pero que ahora no pueden. Esto es porque sus meditaciones, proveían alimento para sus formas de pensamientos negativos y destructivos, de tal manera que estas formas de pensamientos se hicieron tan grandes, tan inmensas, tan robustas y gordas que ahora ellos no tienen oportunidad de ir más allá de ellas. Ten cuidado de dónde estás haciendo tu meditación.

A veces es mejor si cambias tu ubicación y desarrollas tu meditación debajo de un árbol, cerca de un lago, cerca de la orilla del mar, y podrás ver que hay un nuevo avance. Debido a que yo usaba mi casa para la consejería, y muchas, muchas personas venían a debatir y a pelear, eventualmente llegó a ser muy difícil para mí meditar allí. Un día fui a Idlewild, que era hermoso y no tenía contaminación. Vi que estaba avanzando diez millas por delante en mi meditación. Escribí casi un libro en uno o dos días, en esa montaña. Cuando regresé a mi casa, algo impedía mi meditación. Profundicé más y más, hice algunas búsquedas y trabajos de investigación. Descubrí que nuestras formas de pensamientos, y las de otras personas, que se han acumulado en cierto lugar, son alimentadas por nuestra meditación, por nuestros buenos pensamientos, incluso por nuestras conferencias. A veces das una conferencia muy hermosa, pero la gente la contamina, y su contaminación aumenta diez por ciento más, cincuenta por ciento más, porque ellos usan tu energía que les está llegando a través de la conferencia, como alimento para sus estupideces y sus formas de pensamiento negativas y destructivas.

Quiero hablarte acerca de formas de pensamientos. Hay un capítulo fantástico en *Un Tratado sobre Fuego Cósmico*, del Maestro Tibetano que habla acerca de las formas de pensamiento. Es un magnífico capítulo super-médico. Léelo y trata de limpiar tus formas de pensamiento conforme a ello.

¡Las personas imaginan cosas tan sucias, cosas tan absurdas, cosas tan grotescas! La imaginación significa construir formas con sustancia mental y emocional. Estas formas flotan a tu alrededor, y a veces la gente las lleva consigo. H.P. Blavatsky dice que no permitas que nadie entre en la habitación en la cual estás practicando tu meditación, a excepción de ti mismo. Yo tenía un cuarto de meditación en el monasterio. Un día vi que entraron dos muchachos. Tomaron algo de vino y fumaron algunos cigarrillos, y quién sabe que más hicieron. Ya no pude meditar más en aquel cuarto. Una persona que entra en tu cuarto de meditación, trae toda la contaminación que ella tiene. ¡Estas son posibilidades que debes considerar, pero no seas fanático! No entres en pánico repentinamente pensando que todas tus habitaciones y tu casa están contaminadas.

Sé muy cuidadoso por ti mismo, dentro de ti mismo, para que no te conviertas en un tubo de escape, colocando toda tu basura en los sitios en que estás viviendo. Vigila tus pensamientos. Si algún pensamiento sucio viene, detenlo inmediatamente. Sólo piensa lo opuesto. Esto incrementa tu energía.

Algunas veces, trabajo desde las cuatro de la mañana, hasta las once de la noche, y tengo tremendos recursos de energía. Tengo mucha energía porque comencé a atrapar moscas sucias volando en mi mente. Las atrapo inmediatamente y las destruyo. Nunca alimentes formas de pensamiento feas porque son muy contagiosos y contaminan tu aura. Si eres clarividente, puedes ver que en tu aura hay demasiado polvo y microbios dentro de los que estás viviendo; emanas todas estas cosas, luego las inhalas de nuevo y las exhalas, y así sucesivamente. Ello se convierte en un bote de basura en el cual viertes y del cual recoges. Millones de gérmenes y microbios aumentan dentro de él y vives en esa sucia atmósfera.

La salud depende de la pureza de tu pensamiento. M.M. dice que los pensamientos elevados son mensajeros de salud y felicidad, y de fuerza y energía. Llena tus habitaciones, y cada lugar donde vayas, con la fragancia de tus más altos y elevados pensamientos.

Hay pensamientos de fanatismo, de separatismo, de codicia, de vanidad, de ego, pensamientos criminales y maldiciones. Estas cosas no deben tener lugar en tu dormitorio ni en tu habitación de meditación, especialmente cuando hay niños. Los niños instintivamente, automáticamente, y naturalmente, inhalan tus pensamientos criminales, y luego desarrollan tendencias criminales. Esto es porque sembraste grandes cantidades de veneno en el espacio invisible, y ahora tus niños se lo están comiendo y se convierten en serpientes de cascabel venenosas. ¡Observa cuánto debe tomarse en consideración en el proceso de sanación, para que tu vida esté realmente limpia, mental, emocional y físicamente!

Dije que tenemos seis víboras: odio, miedo, ira, celos, calumnia, venganza, y sus amigos y parientes asociados. Estas cosas llenan tu habitación con veneno. Puedo decirte que ese veneno no es demasiado atemorizante, pero lo que sí es atemorizante es esto: Tu imaginación, tus formas de pensamiento, tus emociones eventualmente se convierten en los vehículos de las fuerzas oscuras. Las fuerzas oscuras vienen y entran en tus formas de pensamiento, en tus formas emocionales y llenan toda tu habitación. Eventualmente, eres un rehén en las manos de tus formas oscuras, emocionales y físicas.

Un hombre vino y me dijo: «Siempre doy un buen consejo a mi niño y a mi niña, pero hay algo que debo decirle. Mis niños, de cuatro y cinco años de edad, están detrás del sexo. Hacen cosas que me horrorizan. Están trayendo otros niños de cuatro, cinco, seis, siete años de edad, y tienen fiestas sexuales. ¿Puede decirme por qué está pasando esto?». Yo sólo estaba «pescando». al preguntarle: «¿Qué hay acerca de los libros pornográficos y películas que estás viendo en tu televisor?». «¿Eso les afecta?», preguntó él, «¡por supuesto, eso es! Ya has envenenado a tus hijos». Luego el Cirujano General viene y dice: «Permítales que usen condones». ¿Cómo puedes prevenirlos? Las raíces ya están allí. Toda esa imaginación que está llenando la esfera de tu casa, se la están comiendo los niños y luego ellos están desarrollando un deseo prematuro por el sexo. Entonces ellos no están saludables porque cuando estimulas tus glándulas antes de alcanzar la madurez, destruyes esas glándulas y creas un desbalance total en su sistema. Los niños que comienzan con el sexo y la masturbación en sus primeros años, no tienen energía, no tienen creatividad, no tienen fuerza para luchar. Ya han matado una parte de su precioso mecanismo. No estoy en contra del sexo, pero destruir prematuramente tus centros no ayuda, porque el centro sexual, cuando es estimulado, absorbe la energía creativa de tu centro de la garganta.

De nuevo llegamos a la limpieza de sus mentes y de sus emociones para que tengan hogares, dormitorios, baños, y cuartos de estudio hermosos, donde, si entra un hombre, éste se sienta elevado. Esto es así porque allí hay emociones elevadas, pensamientos elevados, aspiraciones elevadas y, como una aspiradora, te absorben, y te elevas en esa habitación.

Uno de mis Profesores estaba de vacaciones en una cueva. Yo dije: «Extraño a mi Profesor, debo ir a verlo». Inmediatamente cuando entré en la cueva donde él estaba meditando, me sentí todo alas. Me llegaron nuevas ideas, nuevas inspiraciones, la poesía vino a mi mente, la música vino a mi mente. Pregunté: «¿Qué está pasando? ¡Estoy flotando!». Eran todas sus formas de pensamiento, toda su aspiración y su esfuerzo. Me limpió y me limpió. Cuando descendí de la montaña desde la cueva, estaba casi volando en vez de caminando. Estas son experiencias que he tenido y las he observado. ¡Es fantástico! Tú también puedes hacerlo. Transformen sus casas y sus habitaciones en un lugar de inspiración. No olviden esto porque la espiritualidad no está salvando tu alma. ¡Ese es un pensamiento tan contaminado! No venimos aquí a salvar nuestras almas. Venimos aquí a manifestar la Gloria Divina en cada departamento de nuestra naturaleza, en nuestros dormitorios, nuestros baños, nuestras relaciones sexuales, nuestras relaciones familiares, nuestras relaciones de amistad, nuestro comer, nuestro cocinar, nuestros negocios. Nuestra espiritualidad debe brillar en todas nuestras relaciones. Debemos liberar la divinidad que está dentro de nosotros, en todas estas condiciones.

PREGUNTAS Y RESPUESTAS

Pregunta: *¿Hay plantas que está bien tenerlas en nuestras habitaciones?*

Respuesta: Si, hay plantas que purifican tu atmósfera. Había un libro que leí que mencionaba muchas plantas. Las probé y son muy buenas. Los pinos son muy buenos. Los pinos pequeños se matan a sí mismos para absorber tus venenos. Son muy sacrificados. Los pinos, los eucaliptos, los cedros y los robles son muy buenos. Todos éstos tienen energía psíquica. Puedes sembrar estos árboles alrededor de toda tu casa. Son muy hermosos, especialmente los cedros. Vi un cedro en Suiza que tenía cuatrocientos pies de altura y aproximadamente cincuenta pies de ancho. Te sientas diez minutos debajo de él y ya estás recuperado. Es tan hermoso. Es su energía psíquica. M.M. dice: «Ten cedros siempre».

Pronto comenzaremos a construir nuestro nuevo Templo. Trataremos de santificarlo con oraciones y meditaciones. Es todo energía. Es por ello que sugiero que cuando estés entrando a nuestro santuario, no hables de cosas tontas. Sólo déjalas afuera. Habla acerca de cosas hermosas, ten pensamientos elevados para que conservemos esta atmósfera limpia.

Llegamos a la conclusión de que debemos tener pensamientos limpios y emociones limpias. Si estás enojado, no permitas que se construya ninguna forma de pensamiento en tu mente; considera que te está contaminando. Estás cometiendo suicidio. No chismees ni calumnies a otros porque estás creando formas. Todo es forma. Un día mi amigo, que es muy clarividente, dijo: «Hay dos mujeres allá. Sus cabezas están entrando una dentro de la otra y ellas se absorben la una a la otra, y se vacían entre sí». Descubrimos que estas dos mujeres estaban chismeando la una de la otra. Esta clase de fenómeno aparece porque los pensamientos están en la misma frecuencia. Cada frecuencia es una forma cuando se recoge dentro del vórtice de un proceso de pensamiento.

Esto es muy importante para tu salud. Mientras más puro sea tu corazón, más tiempo vas a vivir. Mientras más pura sea tu mente, más exitoso vas a ser en la vida. Si no tienes éxito ni salud, significa que en el pasado realmente te desordenaste a ti mismo, y ahora es el momento de pensar acerca del futuro y de cambiar tu destino.

Pregunta: *En la purificación de una habitación para la meditación, dijiste que si ésta estaba llena de formas de pensamientos negativas, la meditación incrementaría esa negatividad. ¿Cómo purificamos algo así?*

Respuesta: Es un asunto de dosis, de velocidad, o de energía, o de frecuencia. Si tienes un pequeño lago, y cinco botellas de agua limpia entrando, y dos botellas de agua sucia saliendo, no se va a limpiar. Pero si el agua limpia que está entrando es diez veces mayor que la que está saliendo, la limpiará. Si tienes una meditación estable, eventualmente puedes conquistarla y limpiarla. También puedes colocar mucho aceite de rosas en la habitación. Es un verdadero desinfectante. El aceite de rosas es una pieza magistral. En las antiguas cortes reales solían usar aceite de rosas. El aceite de clavel es bueno; el sándalo también es bueno. El sándalo destruye formas de pensamiento mentales. El eucalipto destruye formas de pensamiento emocionales. El aceite de rosas es la pieza magistral, que desintegra muchas formaciones y las limpia. Algunas veces, también es bueno ponértelo. Debe ser el auténtico aceite de rosa, no el sintético. Cada fragancia que estés usando, si está hecha con elementos sintéticos, es un peligro para la salud. Nunca las uses. Esas fragancias que rocías por doquier, si son sintéticas, tíralas. No las uses. Hay muchos, muchos venenos en ellas, especialmente para tu piel. Tu piel es tan delicada que es mejor no poner nada en ella hasta que estés seguro que es limpio, que es bueno. La mayoría de los lápices de labios que las mujeres están usando hoy, son elaborados con placenta de bebés. No estoy bromeando. A esto se debe que cuando nace un bebé, la placenta es tomada inmediatamente y procesada para lápices de labios. ¿Qué estás usando en tu boca –las pieles o las células de otras personas? Vas a usar cosas limpias para tu cuerpo. Antes de comprar algo que vas a usar en tu cuerpo, vas a saber cómo llego a existir.

Pregunta: *¿Qué hay acerca del aceite de lavanda?*

Respuesta: El aceite de lavanda es una pieza magistral. La gaulteria («wintergree», en inglés) es muy buena también. Estas plantas son especialmente hermosas y saludables. La rosa, la lavanda, la gaulteria, el eucalipto, la menta son todos muy buenos. M.M. dice: «Cuando estés durmiendo, coloca una taza de agua caliente cerca de tu cama con quince gotas de eucalipto o menta en ella». Hasta la mañana, es tan hermoso. Previene muchos ataques psíquicos.

Pregunta: *¿El sándalo destruye las formas de pensamiento positivas también?*
Respuesta: No, sólo las negativas. Si vas a la India, en las casas indias todo huele a sándalo. En realidad , mientras más lejos vayas hacia el norte, más se incrementa el uso del sándalo. Los Templos, día y noche, por veinticuatro horas, están quemando sándalo.

Pregunta: *¿Qué hace que la gente tenga una reacción alérgica al sándalo?*
Respuesta: Deben ir al doctor y ser examinados. No lo sé. Posiblemente hay una sustancia en el sándalo que hace que sus membranas reaccionen. En mi opinión, una reacción alérgica es causada por el hecho de que en el pasado usaste tanto ese elemento que ahora estás saturado de él. Esta es una opinión poco ortodoxa. No le pongas demasiado énfasis. Es mi sensación.

Pregunta: *¿Si una persona está poseída, se irritaría por el aceite de mente y por los otros aceites?*
Respuesta: Las entidades que lo poseen lo dejarán. La profesión médica nunca piensa que hay casos de obsesión y de posesión. Los psiquiatras están comenzando a descubrirlos despacio, muy despacio, pero M.M. dice: «La obsesión y la posesión son una epide-

mia». Veo más y más casos de esto. Me senté y escribí un libro de ochocientas páginas sobre la interrogante de la obsesión, y la posesión. Es un libro muy atemorizante, pero bueno en las manos de los doctores, y los psicólogos. Lo discutí con muchos psiquiatras, y creen que es muy importante que lo publiquemos.

Pregunta: *¿Si un niño es abusado en alguna forma por un largo período de tiempo, pueden la obsesión o la posesión tener lugar?*

Respuesta: Si pueden, pero como con la mayoría de las personas que son abusadas, es la consecuencia kármica del abuso pasado que ellos perpetraron. Lo que sea que le hagas a otros, te lo harán a ti. Es una gran ley. Nada semejante te pasará si no lo has hecho a otros. Tu Ángel Solar y todo, te protegerán.

Pregunta: *¿Qué hace alguien como la Madre Teresa?*

Respuesta: La Madre Teresa tiene toneladas de energía psíquica, y nunca entra nada dentro de ella a causa de su amor y sus cualidades intuitivas, que están tan expandidas que ella es casi un salvador. No puedes compararla con nosotros. Ella es muy avanzada. Es energía psíquica. Aquí hay un libro que es muy importante para los médicos, los doctores, los sanadores, y los quiroprácticos. Se llama *Un Comentario sobre la Energía Psíquica*. Debes leer ese libro y digerirlo, porque puedes usarlo en todo momento. La energía psíquica es la frecuencia que está llegando desde los centros más profundos, construyendo una atmósfera a tu alrededor. Quien sea que entre en esa atmósfera, como cuando la Madre Teresa abraza a alguien, esa persona se calma y el dolor desaparece. La persona está en esa atmósfera eléctrica. Quién sabe qué discípulo la Madre Teresa fue en el pasado, que le permitió desarrollar tan fantástico poder sanador.

Pregunta: *¿Qué harías por un niño que piensas podría estar obsesionado?*

Respuesta: La primera cosa que puedes hacer, la cual vi en los monasterios, es llevar a los niños obsesionados y poseídos a las grandes cascadas de agua. Escribí acerca de esto en *La Psiquis y el Psiquismo*. Las cascadas tienen un ritmo diferente y una influencia purificadora en ellos, especialmente por los iones negativos que son producidos. Estos iones negativos tienen la más poderosa energía sanadora. Esto es lo primero.

Segundo, los niños obsesionados y poseídos deben ir a grandes centros musicales y escuchar operas, y ver bailes y ballets, para que la belleza poco a poco ajuste sus cuerpos mentales, y los fortalezca de tal manera que la persona por sí misma refute y rechace al poseedor. Por supuesto el alimento saludable es importante, y el examen médico continúo es bueno para ellos, de modo que los profesionales médicos puedan descubrir qué está pasando con sus sistemas glandulares y con los órganos importantes como el hígado, el bazo y el páncreas. Estos son tres mecanismos fantásticos que deben estar muy saludables. La medicina está avanzando muy bien en encontrar los resultados de la obsesión y la posesión.

En las clases de discipulado en los monasterios, hablaban acerca de algunos principios relacionados con la salud. Ellos decían que un discípulo debe estar realmente sano, porque el discipulado es como preparar a tu caballo. Vas a ir por treinta días, día y noche, con ese caballo, y ese caballo no debe cansarse. Si es necesario, él no va a beber ni a comer. El caballo es tu personalidad. Estás equipando tu personalidad con la mejor energía y salud posibles. El discipulado significa llevar el mensaje de la Jerarquía, La Enseñanza de la Jerarquía alrededor del mundo. Para llevar este mensaje alrededor del mundo, necesitas tener la mejor salud, el mejor brillo, inteligencia, flexibilidad, y creatividad.

En estos monasterios piensan que uno de los peores enemigos de la salud es el apego –apego a los objetos, a la gente, a algo sustancial. Apego significa ser absorbido. Cuando estás apegado a alguna joya, a una silla, a una mesa, a un collar, a tu dinero, a tu bolsillo, y así sucesivamente, esotéricamente significa que estos objetos están absorbiendo tu energía psíquica. Esto es cierto para cualquier cosa a la que estés apegado, incluso tu tierra. «Mi tierra, mi ciudad, mi propiedad». Estás en el proceso de ser absorbido por el objeto al cual estás apegado. Nos dicen que deberíamos tener un amor desapegado y compasivo para todo –que deberíamos vivir con la idea, con el espíritu, de que nada nos pertenece. En realidad, nada nos pertenece. ¡Nos amamos los unos a los otros, pero cincuenta años más tarde, quién sabe dónde estaremos! ¡Todos nos iremos! Nadie es dueño de nadie. Nadie es dueño de nada. Los apegos artificiales y mecánicos a las cosas que no son eternas, absorben tu energía de la salud y eventualmente te dejan como un barril vacío.

Trata de aprender el desapego. En realidad, el desapego se da en cuatro capas. Vas a desapegarte tú mismo de tus ilusiones. Hay un libro que el Maestro Tibetano escribió. Pienso que no hay ningún libro en el mundo igual a ese libro. Muy sinceramente y con conocimiento digo esto. El libro se llama *Espejismo: Un Problema Mundial.* En ese libro, él da el currículo y las instrucciones para los futuros psiquiatras, psicólogos y doctores. Pero tomará aún doscientos, trescientos años para entender ese libro.

En ese libro el Maestro Tibetano habla acerca de las ilusiones. Las ilusiones son realidades, verdades, hechos, o eventos distorsionados. Cuando crees que las distorsiones son la realidad, la verdad, significa que estás viviendo en la ilusión. Después de leer ese libro treinta veces y meditar en él por treinta días, poco a poco descubrí lo que Él quiere decir. Siempre que tengas ilusiones en tu mente, ello significa que tienes una inmensa máquina, pero sus partes no están en el lugar correcto. Esa es tu mente. Tu mente está setenta por ciento más débil de lo que debería estar. Esto significa que si puedes estar al cien por ciento, setenta por ciento está perdido. Estás usando tu mente solamente treinta por ciento, porque en la esfera de tu cuerpo mental, estás lleno de ilusiones, y cada ilusión es un falso traductor. Cuando cualquier impresión viene a tu cuerpo mental, inmediatamente trescientas, cuatrocientas, quinientas ilusiones la atacan, y fingen que las están traduciendo para tu cerebro. Aquí tu cerebro recibe un muy confuso currículo de las cosas que están llegando a tu esfera. Es una condición muy malsana para tu cerebro cuando estás fuera de contacto con la realidad, los hechos, la verdad, los principios, las ideas. Una cosa peor sucede. Si las ilusiones tienen conexiones con algunas partes de sus cuerpos o de sus centros, cada ilusión afecta la parte con la que está conectada.

Por ejemplo, un hombre escuchó una historia sexual acerca de alguien. Inmediatamente, sabemos que está conectado a su centro sacro. Un hombre contó aquella historia porque odia a esa otra persona. Le agregó y le quitó e inventó cosas, y les contó a otros acerca de eso. Él construyó una ilusión. Esa ilusión está conectada al centro sacro, y ésta va a comerse ese centro para vivir del alimento de ese centro. ¿Ves lo sutil que es la salud?

Había un doctor en medicina que dijo que él era todo saludable a excepción de sus órganos reproductivos. Inmediatamente cuando le conté esta historia, él dijo: «Tienes razón. Yo era tan exasperante, distorsionando, mal interpretando las cosas, cambiando la realidad, y abusando de ella». Es por esta razón que todas las religiones hablan de no mentir, porque el mentir es un proceso de construir ilusiones. Inmediatamente cuando tu esfera mental está contaminada, no importa lo que hagas, te será muy difícil estar sano. Estas cosas no están escritas en los libros médicos ni tampoco tus doctores te hablarán de ellas porque no se supone que las sepan. Afortunadamente, el número de personas que saben de estas cosas se está incrementando, y lentamente están escribiendo acerca de ellas y difundiendo estos hechos.

El primer desapego es el desapego de tus ilusiones. Esto significa que ya no estás alimentando tus fabricaciones. Detienes la fabricación de tu mente y dices: «Esa historia que conté no es correcta. Fue una mentira». Ahora te estás desapegando de las ilusiones. Cuando te desapegas de ellas, poco a poco mueren porque no hay nadie que las alimente. Ese es el desapego.

3

EJERCICIOS PARA LA SALUD

EJERCICIO DE LA LUZ AZUL

RELAJA TU CUERPO, TUS PIERNAS, TUS PIES. Y siéntate totalmente relajado. Cierra tus ojos, y pon una agradable sonrisa en tu rostro. Este es un ejercicio muy simple. No hay peligro. Es sólo la visualización. Siéntate muy confortablemente. Relaja tu rostro. Hazlo sonreír. Trae tu consciencia al centro de tu cabeza. No pienses en otra cosa. Enfócate allí, pero ten cuidado que tus cejas no estén tensas. Ellas deben estar muy calmadas y relajadas. Incluso tus pestañas estarán muy relajadas.

Imagina o visualiza una luz azul en el centro de tu cabeza, en el punto medio de tu cabeza. Algunas veces puedes verlo. A veces no puedes verlo. Eso no importa. Si no puedes verlo, imagínalo — una luz azul eléctrico medianoche.

Trata de expandir esa luz hasta que esté más y más grande, hasta que sientas que estás sentado sobre ella, y sientas que tu cuerpo eléctrico está atravesando un proceso de limpieza y se está regenerando a sí mismo.

Visualiza que esa luz azul está entrando en tu esfera emocional, y tu cuerpo emocional se está llenando de alegría, de serenidad, y de calma. Luego visualiza que muchos espejismos se están derritiendo y están saliendo de la esfera de tu cuerpo emocional.

Trata de hacer que la luz azul penetre en tu cuerpo mental, el cual es como una esfera alrededor de tu cabeza dentro de la que hay muchas ilusiones. Trata de derretirlas y de descartarlas.

Concéntrate en la luz azul y en cómo ella, con toda su radiación, está limpiando toda tu aura. Tómate tu tiempo. No pienses en otras cosas. Sólo ve la luz azul y cómo ella está purificando todos tus sistemas, hasta que sientas que tu cuerpo etérico, tu cuerpo astral y tu cuerpo mental, están totalmente puros, como un cielo azul. No lo fuerces, fluirá por sí mismo.

Relájate, y enfoca tu mente en la luz azul. Ahora, observa la luz azul en el centro de tu cabeza y di: «Eso soy yo. Yo soy la luz azul».

De nuevo, proyecta esa luz azul sobre tus tres cuerpos, y purifícalos de nuevo de toda clase de gérmenes, virus, espejismos e ilusiones.

Ahora, vas a inhalar esa luz azul desde el centro de tu cabeza y a exhalarla a través de tus tres cuerpos. Tomando realmente una respiración profunda, inspira; concentra en tu mente la luz azul; ahora libérala. Inhala de nuevo la luz azul hacia el centro de tu cabeza. Quédate en la cabeza. Ahora libera la luz muy despacio. Toma una respiración más y libérala hacia tu cuerpo físico, limpiando tu cuerpo físico, y libérala. Hazlo una vez más sintiendo que a través de todo tu cuerpo, las intoxicaciones y los venenos se están yendo. Toma una respiración; concéntrate en la luz azul; espera; déjala salir, libérala. Una vez más; libérala. Ahora, despacio, muy despacio, acelera el proceso. Una vez más; retírala y libérala. Una vez más, retírala y libérala. Una vez más, retírala y libérala. Ahora te sentirás caliente y fuerte.

Vamos a hacer lo mismo con tu cuerpo emocional –limpiándolo y purificándolo de todos los espejismos. Primero, inhala muy despacio, ve al centro de tu cabeza, asegúrate que tienes la luz azul allí y espera un poco. Exhala. Observa la cantidad de cosas sucias que salen del cuerpo emocional. Inhala y exhala una vez más; suéltalo. Una vez más, lentamente, suéltalo. Ahora,siente que hay mayor libertad. Repítelo una vez más. Concéntrate en la luz azul, déjala ir.

Vamos a hacer lo mismo en el plano mental. El plano mental es la esfera alrededor de tus hombros y de tu cabeza. Es una piscina muy sucia de color amarillo, pero la vas a colorear con la luz azul que viene del centro de tu cabeza. Inhala muy despacio; ven y quédate en el centro; déjala ir. Una vez más, lentamente inhala; exhala por la boca. Inhala de nuevo por tu nariz; déjala ir. Inhala de nuevo, más rápido; exhala. Inhala; exhala.

Descansa un segundo. Ahora, vas a purificar tus cuatro cuerpos simultáneamente: el físico, el etérico, el emocional, y el mental. Visualízalos como círculos concéntricos alrededor de tu cuerpo que vas a limpiar.

Toma una respiración profunda y lentamente visualiza que esa luz está atravesando tus cuatro cuerpos. Exhala. Tómate tu tiempo para que puedas visualizar.

Comienza de nuevo; libera. Comienza de nuevo; libera.

Ahora, con las dos palmas de tus dos manos toca tu frente y relájate. Siéntate en quietud por un minuto.

Puedes hacer esto una vez al día por siete días. Hará milagros en tu sistema, en tu conciencia, y aprenderás el secreto del desapego. Pocas horas más tarde, sentirás que las cosas hacia las cuales estás apegado ya no tienen el mismo poder sobre ti –físicamente, emocionalmente y mentalmente. Estarás un poco más desapegado. El desapego significa menos fuga de energía. Mientras menos apegado estés, menor es la fuga; mientras más apegado estés, mayor es la fuga.

PREGUNTAS Y RESPUESTAS

Pregunta: *¿Cuántas veces podemos hacer este ejercicio?*

Respuesta: Puedes hacer este ejercicio una vez al día por no más de cinco minutos, después que obtengas el permiso de tu doctor.

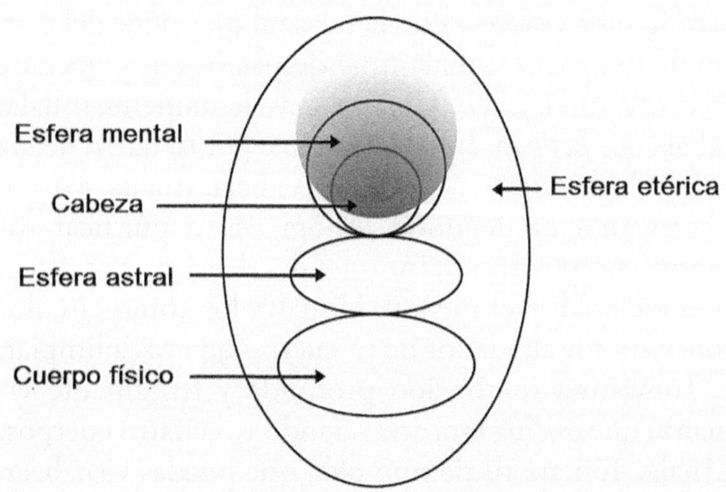

Este eres tú. Este es tu cuerpo etérico. Este es tu cuerpo emocional. Este es tu cuerpo mental. Esta es tu cabeza. La luz azul limpia y arroja todo de tus cuerpos físico, etérico, emocional, y mental. Cuando los astronautas vieron la tierra, observaron que hay una esfera electromagnética gigante alrededor de ella. Esto es lo que tienes exactamente. No es algo imaginario –es real. Es la vibración, las energías de tu cuerpo–calor. Es el fuego etérico, la frecuencia emocional, la frecuencia mental –tu esfera completa.

Primero, comienza desde tu cuerpo físico, limpiando el cuerpo físico. Luego limpia los cuerpos etérico, emocional, y mental. Haz una pausa después de una semana. Espera por tres o cuatro meses, hasta que veas cómo está trabajando porque a veces algo pasa. Si rompes tus espejismos, y tus ilusiones demasiado rápido, entras en una confusión. Debes romperlos despacio, muy despacio, no todos a la vez. No puedes ser un fanático y de repente, un ángel. Lentamente, destruye tus espejismos y tus ilusiones. Por ejemplo, si destruyes una formación, le darás tiempo al cuerpo etérico para asimilarlo y hacer que sea fertilizante para sus propios átomos.

Si lees al Maestro Tibetano, verás que en muchas, muchas partes de Sus libros, da instrucciones muy avanzadas. Por ejemplo, dice que nuestros átomos, nuestras células no son otra cosa que vidas en el proceso de evolución. Cuando las destruyes por una mala formación, van al reservorio de la sustancia en la cual ellas crecen. Entonces, el nivel, el plano, las asimila como un fertilizante, como una energía. Tu suciedad se convierte en tu propio fertilizante. Este es un punto muy importante que quiero que entiendas.

Pregunta: *¿Puedes decirlo de otra manera?*

Respuesta: Por ejemplo, tienes abono orgánico. ¿Qué es el abono orgánico? Consiste de muchas cosas que tiras, pero luego las colocas debajo de tus plantas. ¿Por qué? Porque el abono orgánico fertiliza el crecimiento de las plantas. La misma cosa sucede en tu aura. Tus células proveen el fertilizante. Cuando las personas que son realmente malas repentinamente se dan cuenta que deben ser agradables, avanzan más que un hombre santo. ¿Por qué? Porque tienen tanto fertilizante, siempre que quemen sus ilusiones, espejismos y maya con el fuego de la Intuición.

¿Leíste acerca de John Bunyan, de cómo era un mal hombre, y repentinamente se convirtió en un santo? O de repente encuentras una prostituta que se hizo santa. ¿Cómo así? Con la fuerza de voluntad, con esfuerzo, con energía ella derritió toda su suciedad y la convirtió en fertilizante para su crecimiento. Eso es muy importante. Así que no te des por vencido ni digas: «Soy un mal hombre». Tus cosas malas pueden ser usadas como experiencias, como abono orgánico, como fertilizante. Así tu nueva vida tiene tanto alimento como para convertirte en la mejor persona que puedas ser. Por lo tanto, no te des por vencido ni critiques a otros cuando son malos, porque pueden ser mejores personas. ¿Qué dijo Cristo? La gente nunca entendió. Él dijo: «Dios puede crear seres humanos de estas piedras». Cosas imposibles se hacen posibles si te arrepientes, lo cual significa dirigir tu fe hacia Shamballa, hacia la Jerarquía, hacia el sistema solar. Una vez que te cambias a ti mismo, las cosas comienzan a ser posibles.

Pregunta: *Cuando visualizamos los cuerpos, ¿los visualizamos a color? ¿En qué colores?*

Respuesta: Como tú prefieras, pero usarás la luz azul, porque la frecuencia del azul es sanadora y purificadora. Es el Segundo Rayo de la Compasión.

Pregunta: *¿Qué significa cuando dices: «el centro de tu cabeza?».*

Respuesta: Significa el punto central en tu cabeza, dentro de lo más profundo en el punto medio.

Pregunta: *¿Cuántas inhalaciones y exhalaciones hacemos?*

Respuesta: Puedes hacer tres o cinco. Algunas veces te sentirás un poco mareado; algunas veces, demasiado liviano. Ambas son reacciones temporales de tu cuerpo. Ve despacio y continúa por siete días. No hagas el ejercicio más de eso. Luego, más adelante, puedes hacer el ejercicio de nuevo. Di un ejercicio para los discípulos y para las personas avanzadas, en el libro *Nuevas Dimensiones en la Sanación*, donde hablo acerca de la respiración. Lee ese capítulo. Es una pieza magistral. Nunca encontrarás ninguna literatura que te diga estas cosas. Hay respiración física, respiración emocional, respiración mental y respiración espiritual. Las expliqué realmente en ese libro.

EJERCICIO DE RECARGA

Este es un fantástico ejercicio de recarga. Cierra tus ojos. Relájate. Coloca tus manos frente a ti, ligeramente tensas. Observa una luz azul en el centro de tu cabeza. Ahora, permite que esa luz azul penetre a través de tus hombros y de tus brazos, hasta que llegue a tus dedos. En unos dos minutos sentirás que está llegando. Sentirás en tus dedos que algo está fluyendo hacia afuera. Libera esa energía –déjala ir al espacio y siente que fluye. Sostén tus manos en una posición cómoda. No fuerces la luz azul para que salga. Relájate y la luz por sí misma se verterá gradualmente a través de tus dedos.

Cuando la experimentes, tira la luz hacia dentro y sostenla por un minuto. Luego coloca tus manos sobre tus rodillas. Si quieres continuar, entonces continúa hasta que la sientas.

Continúa recibiendo y liberando la energía. Cuando el flujo de la energía salga a través de tus dedos, espera un segundo, luego absorbe nuevamente la energía del espacio hacia de tu cuerpo a través de tus dedos.

Trata de sentir la energía entrante y visualiza que te está recargando y te está haciendo más enérgico. Toma tu tiempo. Cuando termines, relájate y cierra tus ojos. Esto limpia tus inhibiciones. Toca tu rostro y abre tus ojos.

EJERCICIO PARA BALANCEAR EL CUERPO ETÉRICO I

Haz el mismo ejercicio, sólo que esta vez, toda la suciedad que tienes en tus cuerpos físico, etérico, emocional, y mental, saldrá hasta que sientas que el flujo es realmente puro y limpio. Si la suciedad está fluyendo, tus dedos se moverán, pero cuando todo esté limpio, los dedos estarán abierto sin moverse. Comienza de nuevo.

Estos son ejercicios que son piezas magistrales de los templos. Yo solía ir bajo los árboles y hacerlos. Primero la luz azul comienza a fluir. Luego, repentinamente observas que está sacando mucha suciedad física, emocional, mental y etérica. Ten un pequeño contenedor, puede ser un barril grande y coloca la suciedad adentro. Imagina una gran aspiradora limpiando, tomando la suciedad y tirándola afuera, hasta que estés totalmente purificado. Coloca tus manos en tus rodillas cuando hayas terminado. Toma tu tiempo. Quiero que experimentes esto.

Toma una respiración profunda y arroja todo afuera. Límpiate a ti mismo. Ahora relájate.

EJERCICIO PARA BALANCEAR EL CUERPO ETÉRICO II

Vamos a hacer otra cosa. El hombro izquierdo está un poco levantado con el codo doblado. El hombro derecho está en su posición normal, con el codo doblado. Ahora une tus manos con los dedos entrelazados. Tira con la mano izquierda hasta que la mano y el brazo derechos estén totalmente entumecidos y tu brazo se caiga. No sostienes tus brazos en el mismo nivel. El brazo y la mano izquierdos están más elevados que el brazo derecho, por el hombro izquierdo. Tira y continúa haciéndolo hasta que tu brazo se caiga. Debe estar suelto.

Este es un ejercicio fantástico para hacer que tu cuerpo etérico se balancee. Debes aprender que, cuando haces esto, tiras con la mano izquierda, y cuando la mano derecha cae, lo hace porque está totalmente entumecida. Experiméntalo si puedes.

Cuando tienes éxito haciendo esto, sentirás detrás de tu espalda una nueva clase de energía. No reversas las manos porque si cambias las posiciones, todo el patrón etérico se distorsionará. El brazo izquierdo está arriba y está tirando de la mano derecha, que se está resistiendo. Esto libera al centro entre los omóplatos, y las energías comienzan a circular. No hay otro ejercicio que pueda hacer esto. No estás trabajando sobre los centros, pero sí estás eliminando el bloqueo.

Esto es muy bueno si vas a desarrollar una labor muy pesada. Hazlo por un minuto y observa qué está pasando. Por ejemplo, después que haces este ejercicio, puedes trabajar unas pocas horas más y aún sentirte enérgico y feliz. Puedes hacer el ejercicio una vez al día.

4

LA CONSCIENCIA

HAY OTRA COSA que quiero que sepas. La mayoría de nuestras enfermedades psicológicas y psicosomáticas son producidas cuando trabajamos en contra de nuestra consciencia. La consciencia es el afinador en nuestro interior. Cada nota de nuestras acciones, de nuestras emociones y de nuestros pensamientos, que no se armoniza con el Corazón, crea perturbaciones en nuestros centros. Cuando el afinador dice una cosa y nosotros estamos haciendo otra, hay perturbaciones. Están desafinados. Cada acción –acción física, acción emocional y fabricación mental que no sea aprobada, consagrada y bendecida por nuestra consciencia, está sembrando las semillas de las enfermedades.

Por lo tanto, nunca trabajes en contra de tu consciencia. Cuando tu consciencia dice: «Lo estás haciendo mal», detén lo que estés haciendo. Detente si estás pensando algo y tu consciencia dice: «No». Usando este método, eventualmente creas un enlace que conecta con tu consciencia y se convierte en tu supervisor; no te permite hacer algo en contra de tu salud, de tu felicidad, de tu éxito y de tu prosperidad.

Cada vez que haces algo en contra de tu propia consciencia, estás creando una fricción en tu consciencia. Por ejemplo, la consciencia dice: «No lo hagas». Pero lo haces. Creas fricción. Fricción significa que estás creando energías conflictivas en tu sistema. Esto es a lo que Cristo se refería cuando Él dijo: «Un hombre dividido, o una familia dividida, no duran mucho». Cuando creas división dentro de ti mismo, tu caída ha comenzado –caída moral, caída física, caída mental, y caída espiritual– porque el enemigo está luchando dentro de ti. Se desperdicia demasiada energía a fin de sostener esa pelea. Estás vendiendo todo en tu cuerpo. El depósito de tu energía está siendo puesto sobre la mesa como una carta de póker, y estás gastando todo.

Trata de entender lo que es la consciencia. Todos ustedes tienen ese regalo. En realidad, es el Ángel Solar. La voz de tu Ángel Solar o la Voz del Silencio, es tu consciencia. Escuchar a la consciencia continuamente hace que construyas la línea de comunicación hacia ese Gran Ser, quien está en ti para hacerse el supervisor de tu vida.

Mientras más embargado estés por tu Ángel Solar, más desechas todos esos elementos que traen condiciones malsanas a tu hogar y a tu ambiente.

¡Trata de estar sano!

SOBRE LA FUNDACIÓN

T.S.G. Publishing Foundation, Inc. es una organización no gravable sin fines de lucro. Fundada el 30 de noviembre de 1987 en Los Angeles, California, se trasladó a Cave Creek, Arizona, el 1o. de enero de 1994.

Nuestro propósito es el de ser un sendero para la auto-transformación. Estamos completamente dedicados a la publicación, enseñanza, distribución y archivo de los trabajos creativos de Torkom Saraydarian.

Nuestra oficina y tienda en línea ofrecen una colección completa de los trabajos creativos de Torkom Saraydarian para la venta y distribución.

Nuestro boletín Outreach contiene artículos que fomentan el pensamiento y está disponible tanto en material impreso como en nuestra página web con notificaciones electrónicas gratuitas.

Free Wisdom es un servicio en línea para mantenerle actualizado sobre eventos, materiales interesantes y lecturas inspiradoras.

También conducimos clases, seminarios especiales de entrenamiento, Conferencias Anuales en los Estados Unidos e internacionalmente, y cursos de meditación para el estudio desde el hogar.

Contáctenos o visítenos en línea para detalles sobre nuestras actividades y eventos actuales y venideros.

Página web: *www.TSGFoundation.org*

CONTINUANDO CON EL LEGADO

Torkom Saraydarian dedicó su vida entera a servir a los demás en el crecimiento espiritual. Al momento de su muerte física en 1997, muchos libros habían sido ya publicados y más de 100 manuscritos estaban a la espera de su publicación.

Torkom Saraydarian tenía la sabiduría y habilidad únicas para escribir todos estos libros magníficos y componer cientos de composiciones musicales en el lapso de una sola vida. La publicación y archivo de sus trabajos creativos tomará también una vida completa de esfuerzo cooperativo de nuestra parte. Necesitamos sus contribuciones y respaldo continuo, pues juntos podemos hacer que su sueño sea una realidad, y podemos hacer que su legado fructifique.

Un fondo especial, el *Fondo de Publicación de Libros de Torkom Saraydarian*, ha sido creado para la publicación de sus libros. Adicionalmente, un *Fondo de Donaciones* ha sido establecido para la perpetuación de todos sus trabajos creativos.

Contáctenos para más detalles y actualizaciones concernientes a los programas de publicación y archivo.

Usted puede contribuir con fondos para un libro entero, o dar cualquier cantidad que desee sobre una base continua, o como una contribución única.

Muchas gracias por su respaldo amoroso y continuo.

LA UNIVERSIDAD TORKOM SARAYDARIAN

Torkom Saraydarian soñó con un centro de entrenamiento, usualmente llamándolo la Universidad, donde hombres y mujeres pudieran ser entrenados en la teoría y aplicación de los Principios y Valores Superiores de la Sabiduría Eterna. Llamó a tal educación superior «Educación Acuariana» y motivó continuamente a sus estudiantes a formar tal institución en el futuro.

Hay una creciente necesidad de liderazgo en el área del conocimiento esotérico. Más y más gente se está desilusionando de las enseñanzas que reciben de oportunistas, de gente que tiene buenas intenciones pero están llenos de espejismos y vanidades, o de gente que quiere usar la Enseñanza como un negocio para recolectar dinero.

Un gran daño se hace las personas que se aproximan a la Enseñanza con sinceridad en su corazón y son atrapados por grupos, instituciones u organizaciones que son sólo para actividades sociales o que funcionan como trampas de explotación. Algunos de estos buscadores gradualmente se olvidan de su búsqueda y se adaptan al entorno. Algunos de ellos suprimen totalmente su aspiración y esfuerzo espiritual debido a su desilusión. Sólo un pequeño porcentaje, a través de la discriminación, continúa su búsqueda para encontrar el campo adecuado donde puedan crecer y servir.

El número de verdaderos buscadores está incremen-tándose. Debemos prepararnos para satisfacer sus necesidades y al mismo tiempo, resguardarnos de los peligros de caer en las vanidades, los espejismos, o en la utilización de los buscadores para nuestros propios intereses.

Torkom Saraydarian, *Leadership* I, p. 16

Nuestros primeros cursos de entrenamiento fueron lanzados en setiembre 2000. Tenemos clases presenciales así como por correspondencia. Para información sobre las clases y el registro en línea, visite nuestra página web o escríbanos.

https://www.tsgfoundation.org/tsg-university-information.html

INFORMACIÓN PARA PEDIDOS

Los trabajos completos de Torkom Saraydarian:

- Libros.
- Folletos.
- Música.
- Conferencias en audio y vídeo.
- Cursos de Meditación y estudio.
- Boletines gratuitos por correo electrónico.
- Visita nuestra sección de libros electrónicos en nuestra página, web para ver las últimas actualizaciones.
- Catálogos completos disponibles en línea:
  www.tsgfoundation.org

Por favor, contáctenos para información adicional:

TSG Publishing Foundation, Inc.
P.O. Box 7068
Cave Creek, AZ 85327-7068
United States of America
Tel: (480) 502-1909
Fax: (480) 502-0713
E-mail: *info@tsgfoundation.org*
espanol@tsgfoundation.org
Website: *www.tsgfoundation.org*

Para información sobre pedidos en español de este título:

Editorial Dagón:
Website: *www.editorialdagon.es*
E-mail: *jrubio@editorialdagon.es*

Grupo Estudios Teosóficos Valencia, España:
Website: *http://fraternidad.info/g.e.t.html*
E-mail: *jrubio@editorialdagon.es*
Facebook: *Torkom Saraydarian en español*

EDITORIAL
DAGÓN